MEDITACIONES
CRISTIANAS

ExLibric

LEOPOLDO ESCOTÉ ROFES

MEDITACIONES
CRISTIANAS

EXLIBRIC

ANTEQUERA 2025

MEDITACIONES CRISTIANAS
© Leopoldo Escoté Rofes
Diseño de portada: Dpto. de Diseño Gráfico Exlibric

Iª edición

© ExLibric, 2025.

Editado por: ExLibric
c/ Cueva de Viera, 2, Local 3
Centro Negocios CADI
29200 Antequera (Málaga)
Teléfono: 952 70 60 04
Fax: 952 84 55 03
Correo electrónico: exlibric@exlibric.com
Internet: www.exlibric.com

ISBN: 979-13-87707-22-4
Depósito Legal: MA 472-2025

Impresión: PODiPrint
Impreso en Andalucía – España

Nota de la editorial: ExLibric pertenece a Innovación y Cualificación S. L.

LEOPOLDO ESCOTÉ ROFES

MEDITACIONES
CRISTIANAS

Índice

Prólogo

Este no es un tratado de Teología ni un tratado ascético; es un resumen de los principios más básicos que rigen la fe, así como el conocimiento y comprensión elementales de la voluntad de Dios. Son principios en la acción y abstención, y consideraciones psicológicas, filosóficas y místicas básicas y esenciales, percibidas en muchas lecturas, meditaciones y experiencias variadas, que he considerado enunciar, explicar y reunir en una sola obra, que sirva de aprovechamiento para los que aún no viven la fe y para los más avanzados que necesitan unas consideraciones básicas y elementales para no caer en un error de base.

Por lo demás, algunas recomendaciones personales que a mí me han ayudado bastante y creo que pueden ser útiles a la mayoría de lectores de este libro.

Observando las dos vías de la fe, que son los activos y los contemplativos, que enriquecen y solidifican nuestros objetivos y aprovechamientos en la vida ordinaria y el desarrollo personal, pudiendo, como laicos, seguir más la vía contemplativa o no, pero sin olvidar la vía activa, tan necesaria, como la parábola de los talentos. Las enseñanzas del Reino de Dios que cada uno ponemos por obra en nuestras vidas y las convertimos en hechos concretos por devoción y adoración a Dios y caridad a nuestros semejantes, en una medida libre, voluntaria, pero también cotidiana.

La fe cristiana tiene cabida en cada persona, en cada vida y en cualquier lugar en el que uno esté o quiera estar.

1

Observaciones

Todo ser humano, de alguna manera, busca sentir paz, las necesidades básicas cubiertas, bienestar y, si es posible, felicidad (plenitud); pero todos tenemos unas cualidades diferentes entre unos y otros, grados distintos de evolución de esas cualidades entre unos seres humanos y otros, diferentes prioridades y escalas de valores, diferentes defectos o debilidades, y diferentes circunstancias físicas y sistémicas que pueden mejorarse con mayor o menor dificultad. Algunas situaciones o entornos son difíciles de cambiar, lo que puede provocarnos dolor, sufrimiento y preocupación. Es natural sentirse alguna vez así en circunstancias adversas, pero no necesariamente son definitivas ni las condiciones de vida ni nuestra preocupación o sufrimiento como reacción; así podemos comprender que tenemos anhelos y deseos parecidos, pero personalidades distintas entre cada persona y situaciones diferentes para cada individuo. Por lo tanto, la manera de mejorar nuestras vidas y sentir bienestar y plenitud son, y pueden ser, distintas en cada individuo, aunque se dan unos principios comunes que es positivo conocer, reflexionar y practicar de varias maneras para evitar, en la medida de lo posible, el sufrimiento y alcanzar un grado de bienestar.

Lo principal en este libro es obtener algo útil para la comprensión de la fe cristiana, desde el punto de vista holístico; es decir, psicológico, filosófico, teológico y místico, porque es una cuestión útil al ser humano, que mejora nuestras vidas y nuestro entorno, y que nos ayuda a tener un proyecto de vida, que aunque podamos no conseguir algunos objetivos, en el camino encontramos sentido y paz, porque podemos entender mejor nuestro entorno, cuál es la voluntad de Dios sobre cada uno, cuáles son nuestras pruebas y desafíos. Sabemos que sin dificultad no se consigue casi nada en la vida, entendemos mejor a los demás porque nos entendemos mejor a nosotros mismos, nuestras contradicciones, debilidades y temores que todos tenemos en un grado u otro.

El camino de la reflexión profunda, de la introspección propia, de la búsqueda de un sentido y justificación suficiente en nuestras vidas, es en principio un camino doloroso y confuso; nos falta experiencia vital y empírica para saber si nuestras actitudes y cómo afrontamos nuestras dificultades y deseos nos llevan, siempre al principio, a cometer errores de valoración o incluso de solución, por precipitación o por ignorancia de la dimensión de las cuestiones a tratar, porque no somos dueños de las reacciones e interpretaciones que hacen los demás sobre nuestros trabajos, vidas y pensamientos. Esto hace difícil un entendimiento mutuo satisfactorio y un mal aprovechamiento de las oportunidades que todos alguna vez hemos lamentado perder, aunque sea solo por falta de experiencia. La solución más aparente puede ser menos adecuada que otra, o porque nos suceden cosas que no habíamos imaginado y previsto, y entonces no sabemos reaccionar acertadamente.

Así, la fe no puede ser solo comprendida, sino que hay que interpretarla en nuestras vidas, poner por obra sus acciones y sus valores, y perseverar todo el tiempo de nuestras vidas. En esa experiencia, a lo largo de muchos años, se comprende mejor la dimensión verdadera de cada cuestión, lo importante que son algunas para nosotros, y las que parecían importantes cambian su valor, oportunidad y dimensión. Comprendemos más no solo aquello que no es tan importante, sino que, por experiencia, vemos cómo nos sentíamos, cómo vivimos esas cuestiones y después nos damos cuenta de que no eran tan importantes en nuestras vidas o que no dependen enteramente de nosotros; como algo que no podemos crear y moldear en nuestras vidas, sino como algo accesorio que puede darse algunas veces, en mayor o menor medida, y en otras no.

Por eso, con los años, adquiere importancia el valor y la capacidad de vivir la soledad, aunque sea en algún momento, para el desarrollo de nuestras metas, de nuestras experiencias, y para modelar nuestras vidas sin depender de actitudes o pareceres ajenos, y poder construir cosas en nuestras vidas que dependan de nosotros mismos. En esto tenemos un aliado , Dios, Jesucristo y el Espíritu Santo, que lo es en tres aspectos: el Dios ahí, Jesucristo, el Dios absoluto, y el Espíritu Santo que nos une y hace comprender las enseñanzas del hijo de Dios, Jesucristo, que nos promete y nos devuelve paulatinamente la compañía del Dios absoluto, que parece que se ha marchado, sobre todo, de este mundo y sociedad, del destino ciego que acompaña sin saberlo a cada uno, de las decepciones y desgracias que seguro nos ocurrirán o nos han ocurrido. Decimos que parece haberse ido y que estamos solos, como arrojados a una sociedad que nos exige cosas y apenas nos garantiza una seguridad o un intercambio justo y equitativo que ningún hombre puede dar y repartir bien. Es la sociedad como una multitud de personas que buscan su interés personal y nadie garantiza los derechos básicos de nadie, y aún menos sus necesidades anímicas y vitales, una proporcionalidad del esfuerzo hacia una obtención justa. Después están los contratiempos, como enfermedades o pérdidas materiales o laborales, que nos causan problemas en una continua necesidad de tener ingresos para pagar todo tipo de gastos, como energía, comida, ropa, vehículo, vivienda, familia e hijos, que nunca se detiene, ajeno a nuestros ingresos y necesidades variadas. Cuanto más cosas llenan nuestra vida básica, más dependemos del flujo de ellas y de nuestro tiempo, esfuerzo e ingresos para solo mantenerlas.

Así, una vida sencilla y menos interdependiente de elementos y consideraciones nos parece, aunque no sea en el principio de nuestras vidas, una vida más llevadera, en la que podemos crear, interpretar o contemplar la vida pasar con mayor paz y serenidad que el que ha renunciado a una vida compleja y disfruta más de una vida que depende de uno mismo.

Después de comprender mejor las escrituras y las dos naturalezas humanas, la divina y la corporal, que ambas son creadas por Dios, tenemos que entender que Dios parece haberse marchado del mundo y la sociedad, pero sabemos que puede ser percibido por el espíritu, que es la parte superior del alma, la conciencia; pero que es necesario aumentarla para ir percibiendo lo que podemos hacer y que nos resulta útil por mucho tiempo, y lo que es engañoso, que dura poco tiempo y no nos hace felices o sentir bien, es como pagar un precio demasiado alto por un bien pequeño.

Pero esto es necesario: la experiencia vital. Todos podemos pensar que nos perdemos algo si no lo tenemos, algo bueno y reconfortante, y desearlo siempre hasta generar malestar, pero con los años vemos que, aunque se consiga, no es como esperábamos. Estas cosas conforman nuestras vidas particulares; sin estas experiencias no podemos crecer y aumentar nuestra conciencia, y así poder percibir una mayor claridad y cercanía con Dios, que nos aconseja, nos libra de muchos males y nos da fuerza para resistir en los peores momentos y las más grandes dificultades. Después, cuando pasamos otra dificultad grande, pero menor que otra más grave y desagradable que hemos tenido, entonces no le damos mucha importancia y, aunque nos provoca un cierto dolor, no nos hace sufrir porque pensamos que esa cosa no es nada en comparación a otra peor que hemos superado y que fue especialmente desagradable para nosotros. Fue tal vez la peor cosa que hemos vivido. Así que, si hemos tenido paciencia y perseverancia, las dificultades que hemos tenido podemos decir que nos han hecho más fuertes y capaces de hacer muchas cosas. Muchas veces es inevitable aprender y hacerse fuerte sin pasar por dificultades.

Así que aquellas personas que pasan muchos años y no han tenido ninguna dificultad importante de ningún tipo corren el riesgo de, ante la primera dificultad grave que tengan, no saber reaccionar, equivocarse y hundirse, de desconocer cómo gestionar internamente estos hechos y de tomar decisiones equivocadas una tras otra. Porque las decisiones equivocadas no arreglan el problema y, además, crean problemas añadidos al que ya tenemos.

De todo eso y de cualquier cosa nos puede aconsejar y librar del error Dios Padre, pero primero debemos creer que existe. Naturalmente, algunos dicen que es un don la fe; otros podrían decir que es una conclusión a la que se llega después de pensar mucho y vivir determinadas cosas. Pero nunca debemos pensar que Dios no quiere ayudarnos o que no le importa nuestras vidas, proyectos y bienestar. Somos nosotros quienes no consultamos a Él, porque no tenemos bastante fe, porque no sabemos cómo hacerlo, porque no comprendemos los principios básicos de la fe, que no es una cuestión moral de cuestiones morales externas de méritos y recompensas. Dios es todo lo bueno que podamos concebir realmente y también todo lo bueno que aún no hemos visto, oído ni experimentado aún. En este mundo de soledades e incertidumbres estamos todos de paso; nadie se queda para siempre. Nuestro verdadero hogar es el Reino de Dios con nuestros hermanos, y Jesús nos enseña el camino a todo aquel que quiera creer:

creer para entender, entender para caminar, entender y caminar para amar y encontrar para siempre, sin pérdida.

Los dos mandamientos cristianos: amarás al Señor, tu Dios, con todo tu corazón, con toda tu alma, con toda tu mente, y amarás a tu prójimo como a ti mismo (Mt 22, 36-40) (Mc 12, 28-32).

2

Amarás al Señor, tu Dios

En primer lugar, cuando el Señor se apareció a Moisés en la zarza ardiente, Moisés le preguntó cuál era su nombre para decírselo a los hijos de Israel. Él dijo: «Yo soy el que soy» (Ex 3, 13-16), es decir, el que no debe su existencia a nadie más, ni a cosa alguna. Todo ha sido creado por el Señor; toda forma de vida, todo lo bueno viene del Señor. Nosotros tenemos un cuerpo físico sujeto al tiempo, al espacio, a la gravedad, a los elementos de la naturaleza, a la enfermedad o a la salud, es decir, a la dualidad y condicionado. El Señor ha creado todo lo que es físico y no está condicionado por estas cosas en absoluto. Así debemos comprender que el mundo físico no nos ayuda a ver, comprobar o percibir cómo es el Señor. Nuestros sentidos del cuerpo están diseñados para mantener vivo y a salvo el cuerpo físico, del frío o calor, del hambre y la sed, del peligro con la naturaleza, con otros seres humanos, y hacen un resumen rápido y aparente de lo que nos rodea físicamente; así concluimos que no podemos encontrar al Señor con los sentidos y el mundo físicos.

Así, el alma del ser humano, que es la interrelación del cuerpo y los deseos, percibe una insatisfacción por el mundo físico condicionado, que a menudo escapa de nuestro control y lleva implícita la fatalidad e incluso la muerte. El alma distingue lo que siente bien y mal al cuerpo y, sutilmente, lo que siente bien y mal al espíritu en relación al cuerpo y a nuestras vidas, pero sin poder concebir por sí sola una realidad superior o un camino para mejorar nuestras vidas. Es como una amalgama de pensamientos emotivos sobre nosotros mismos, a menudo imprecisos, pensamientos sobre lo que nos dicen las demás personas sobre nosotros mismos, que a menudo son equivocados porque no disponen de toda la información sobre algo o alguien; al igual que nosotros tampoco disponemos de toda la información sobre nosotros mismos y el verdadero valor de las cosas y dónde se halla nuestra felicidad o plenitud.

Por eso es necesario conocerse a uno mismo, para poder reconocer, en la medida de lo posible, pensamientos y anhelos equivocados, sobrevalorados, o si son importantes en general y en particular para nosotros y son un bien duradero y verdadero, pues desarrollarlos, descubrirlos y no subestimarlos.

Tenemos cuerpo, alma, mente y espíritu. Estas tres últimas permanecen después del final del cuerpo. El alma es el conjunto de deseos y anhelos, la mente reflexiona y percibe, y el espíritu es la consciencia que es la que nos hace discernir mejor el bien del mal y recibe del Señor sus inspiraciones y percepciones.

La consciencia es la parte de nuestro ser que puede contemplar a Dios en la forma de consciencia pura. Los pensamientos delimitan, perciben formas y apariencias, pero solo el fondo de la consciencia, que es sin forma y no aparente (sobre todo, para los sentidos del cuerpo), es la parte que puede llegar a recibir del Señor toda la información que necesite para encontrar la verdad y la fuente de la vida. Digamos que Dios es tan perfecto, ubicuo y omnipotente, que el muy limitado ser humano sería demasiado distinto y diferente al Señor como para poder comprenderle, unirse a Él y encontrar la verdadera plenitud que puede percibirle mediante el fondo de nuestra consciencia, que es luz, un rayo de luz o chispa de luz, de la misma luz que es el Espíritu Santo, para poder un día contemplar y unirse a Dios, en esta vida y la otra. El fondo de la consciencia es la parte más cercana a Dios que no puede encontrar plenitud en otra cosa que no sea el Señor, que en Él están todas las cosas buenas sin medida.

Así concluimos que necesitamos tener una relación con el Señor para dar sentido a nuestras vidas, para encontrar respuestas a nuestras preguntas, para atender nuestras necesidades físicas y espirituales, para desarrollar nuestra personalidad y aptitudes, que en cada persona o ser humano son diferentes. Pero para esto, con una consciencia ordinaria y devenir común es insuficiente para conectar a menudo con la luz del Espíritu del Señor, porque las preocupaciones, trabajos y responsabilidades grandes pueden hacernos caer en el egoísmo y la falta de solidaridad con nuestros semejantes, que es la principal causa de separación de Dios: la injusticia, la ignorancia (valores y percepciones equivocadas, por ejemplo) y la falta de solidaridad.

Como en la parábola del sembrador, la semilla que cae entre las zarzas no llevó fruto. Esto es, las zarzas son las preocupaciones de este mundo y sociedad (Mt 13, 1-24).

El amor y búsqueda del Señor elevan nuestra consciencia y nos preparan para recibir orientación y ayuda en nuestras vidas, de todo tipo. Es algo que necesitamos más las criaturas creadas por Dios: regresar a la fuente de todo bien y todo conocimiento, que está preconcebida para todos y cada uno de los seres humanos, pero que debemos merecer conseguir mínimamente. Somos probados mediante el libre albedrío para observar principalmente el primer estadio de la fe, que es la justicia y la misericordia. En el fondo, son lo mismo, pero vamos a definir un matiz: la justicia es lo que debemos a los demás, el respeto; o, por ejemplo, si alguien ha trabajado para nosotros, le debemos el sueldo o la paga acordados, que no debe ser demasiado menos del beneficio económico que nos ha proporcionado. Otra injusticia sería, por ejemplo, poner un precio y beneficio demasiado alto por un bien necesario, como sería: comida, vivienda, abrigo, etc.

La misericordia sería, en esencia, entregar un bien, donativo o limosna a una persona necesitada a cambio enteramente de nada material ni de exposición pública del gesto o vanagloria. Por ejemplo: si una persona cada mes tiene más de lo estrictamente necesario para vivir, debe dar una parte desde la libre voluntad y albedrío a las personas necesitadas que no conoce, que han caído en desgracia no teniendo casa, trabajo, ingresos, padre y madre, o, por ejemplo, que tienen enfermedades incapacitantes o pobreza en general. Porque si ayudamos solo a familiares o amigos, ellos también podrían hacerlo; es insuficiente porque los animales también cuidan de sus crías. La consciencia superior del ser humano se distingue especialmente por ser solidario con otros seres humanos que no conoce ni tiene vínculos familiares, a su especie en general y, en segundo lugar, a la naturaleza y los animales.

Este mandamiento de caridad o amor al prójimo estaba también en la Torá, Antiguo Testamento (Levítico 19, 18): «No te vengarás de los hijos de tu pueblo ni les guardarás rencor, sino que amarás a tu prójimo como a ti mismo. Yo soy el Señor». Pero, después de la encarnación y el sacrificio de Jesucristo, este mandamiento de amor al prójimo ha pasado de Israel a toda la humanidad.

Vamos a otro pasaje (Levítico 19, 33): «Si un emigrante reside con vosotros en vuestro país, no lo oprimiréis. El emigrante que reside entre vosotros será para vosotros como el indígena: lo amarás como a ti mismo, porque emigrantes fuisteis en Egipto. Yo soy el Señor, vuestro Dios». Deuteronomio 10, 16-21: «Circuncidad vuestro corazón, no endurezcáis vuestra cerviz, pues el Señor, vuestro Dios, es Dios de dioses y Señor de señores, el Dios grande, fuerte y terrible, que no es parcial ni acepta soborno, que hace justicia al huérfano y a la viuda, y que ama al emigrante, porque emigrantes fuisteis en Egipto. Temerás al Señor, tu Dios; le servirás, te adherirás a él y, en su nombre, jurarás».

Hay varios caminos para buscar y encontrar a Dios; uno es la ascesis, el ascetismo, el logro de la santidad en vida, tratar de vigilar la mente y el corazón constantemente para dominar y extinguir los deseos y pulsiones del cuerpo, de placeres sensoriales, de honores y reconocimientos, deseos de ira y avaricia, dedicándose por completo a la tarea de extinguir las bajas pasiones con atención, mortificación, estudio, meditación, ayunos, dormir poco y mucha oración pidiendo a Dios ayuda y misericordia. Algunos lo intentan toda su vida sin conseguirlo; otros acaban por abandonar esa dura vida y regresan al mundo. Algunos monjes del desierto decían que esta vida puede hacer mucho daño si uno no está muy preparado y muy dispuesto, que no es camino para cualquiera y que es un camino no exento de grandes peligros y posibles errores y desviaciones; Otros dicen que conseguir la santidad es un don que se da por gracia (no por justicia, no porque lo merezca del todo) de Dios a los hombres… Muy pocas personas deben estar inclinadas y ser aptas para este camino de los que quieren ser perfectos. Las palabras de Jesucristo que decía: «Observa los mandamientos, ¿qué más me falta? Si quieres ser perfecto, vende tus bienes y dáselos a los pobres y luego sígueme…». Pero no acaba ahí la cosa, porque puedes renunciar a tus bienes pero querer albergar y guardar cosas, por pequeñas que sean, estar apegado a cosas, enfadarse si recibimos una ofensa, desear una vida tranquila y placentera, buscar aprobación ajena para sentirse bien, perder demasiado tiempo en ociosidad o cosas vanas, querer vivir con poco esfuerzo y dedicación, tener poco amor o compasión del prójimo; y tantas otras que el aspirante a santo debe renunciar y extinguir en sí mismo para alcanzar la santidad. Es seguramente un camino para pocas personas que estén realmente inclinadas a recorrer este camino sin equivocarse o fracasar...

Otro camino es el del amor y la compasión: hacer obras para el prójimo, toda clase que se puedan hacer y sean lícitas, es algo que nos transforma, nos eleva, nos va ayudando a entender cosas sobre la vida, la mente humana y a desarrollar capacidades para entender y ayudar mejor a los demás, tanto si somos laicos y vivimos en sociedad como si somos renunciantes y vivimos como religiosos en monasterios o somos presbíteros. Pero a este camino lo complementa y perfecciona más el conocimiento, la meditación de las escrituras y la meditación en general, teniendo en cuenta todas las posibles explicaciones o verdades distintas que puede tener una cuestión determinada, una disputa, un entresijo vivencial, una experiencia vivida, un conflicto entre personas, unas formas de vivir, todo meditado con la fe y el auxilio de los carismas de Dios a través del Espíritu Santo, que se comunican al ser humano primero a través de la sabiduría sin forma, sin saber cómo, pero nos guía desde la luz superior hacia la sabiduría y, más abajo, el entendimiento encuentra algunos signos y explicaciones plausibles. Tras entender buena parte de una cuestión, llega el corazón que ama porque comprende, y comprende porque ama.

Como dijo San Juan Bosco: «Ama y haz lo que quieras».

Una manera de amar a Dios también es aceptar su voluntad. Si tenemos lo estrictamente necesario para vivir y un modo de vida no demasiado difícil, si deseamos tener o alcanzar algo más y pasa el tiempo y no lo tenemos, debemos tener paciencia y aceptarlo. Si es lícito, puede llegar más adelante; si no es necesario, puede que no llegue nunca. En cualquier caso, debemos agradecer cada vez que se nos termina un problema o resolvemos una cuestión. En la dificultad nos hacemos más fuertes y capaces de soportar contrariedades. Dios corrige y prueba a quien ama, para saber si es mínimamente merecedor de carismas y recompensas.

Si uno procura pensar en Dios a menudo, en qué podría pensar o decir de una cuestión propia, si tiene en cuenta al Señor en sus relaciones con los demás, con el tiempo se encontrará que, antes de tener que resolver un problema, se aparecerá la solución delante de ti. Y cuando has necesitado a alguien, puede aparecer pronto y resuelto… El bien que haces va y vuelve; aceptar los golpes del destino forma parte también del camino de la fe hacia Dios. Dicen los místicos que Dios permite males temporales a cambio de dar bienes mayores y eternos.

LA LIMOSNA

Para los que no tienen problemas económicos para sus gastos esenciales ni para llegar a fin de mes, recomiendo una contribución mensual a organizaciones caritativas; si son de la Iglesia Católica, mejor, que a través de las organizaciones se distribuya mejor y se llega a sitios y lugares que no conocemos con proyectos que mejoran la vida comunitaria, como microcréditos para comprar ganado, gallinas o un taller profesional, escuelas, comida, pozos y bombas de agua, canalizaciones y conducciones de agua, productos fitosanitarios para una mayor cosecha agrícola, etc.

Yo recomiendo, del sueldo neto que tenga una persona para vivir (descontando si está pagando la parte del alquiler o crédito para la vivienda), dar mensualmente a partir del 2,5 % mensual, pero debe ser un acto voluntario y libre… Además, recomiendo dar dinero para el mantenimiento del culto en tu iglesia o parroquia. Si no fueras en persona cada semana, dar el equivalente anual 1 o 2 veces al año, contribuir en recaudaciones para reparaciones, colectas para fines solidarios y lo que fuera oportuno dar limosna o comida a mendicantes en la calle que tú elijas. No estás obligado a dar a todos de cualquier manera, sino desde tu libertad y libre albedrío, y teniendo en cuenta que, por ejemplo, a un alcohólico es mejor darle comida que dinero, que volvería a comprar alcohol, y que intercambiar unas palabras de cercanía e interés a veces es más gratificante para ellos y su soledad que la propia limosna.

LA LEY MORAL Y LA LEY CEREMONIAL

Tenemos en el Antiguo Testamento la ley moral (los diez mandamientos) y la ley ceremonial. Con la encarnación de Jesucristo, el Hijo unigénito de Dios, su santidad hasta la muerte y su obediencia perfecta a Dios, se declararon puros todos los alimentos y se terminó con la ley ceremonial. Los sacrificios y ofrendas de animales ya no pueden quitar el pecado. Mediante la muerte y resurrección de Jesucristo, creyendo en él, en Dios y en las enseñanzas de Jesucristo, somos perdonados de nuestras faltas, errores y pecados. Pero, si pudiendo cumplir las enseñanzas de la justicia y la misericordia no las cumplimos nunca o de manera insuficiente, entonces que sepamos o cumplamos otros mandamientos no es suficiente, no nos libra del error en nuestras vidas, y no seremos aptos para heredar los bienes de Dios y administrarlos repartiéndolos y compartiendo en el reino de

Dios, en la otra vida y cuando llegue el reino de Dios, primero durante 1000 años con Jesucristo y después, cuando venga el Señor a la tierra con nosotros, en que serán creados unos nuevos cielos y una nueva tierra en la que ya no habrá muerte ni dolor por toda la eternidad (Ap 20, 4-5) (Ap 21, 1-9).

LA COMPASIÓN

No se suele amar aquello que no se percibe, admira, valora y comprende mínimamente. Al percibir el sufrimiento de nuestros semejantes, en diversas desgracias, carencias y accidentes, debemos percibir que cualquier cosa desagradable de todo tipo nos puede suceder a nosotros, y si hemos sufrido contrariedades, enfermedades, humillaciones y toda clase de eventos o circunstancias que nos han provocado dolor, entonces, si hemos reflexionado debida y correctamente, debemos evitar causar dolor al prójimo. Debemos contribuir a mitigar o reducir, en varias medidas posibles, el dolor de nuestros semejantes y que no solo buscamos nuestras necesidades y anhelos, sino que contribuimos en comprender y aliviar el dolor ajeno, injusticias y carencias básicas como son alimento, abrigo, beber, medicinas o médicos para curar o mitigar enfermedades, y consolación en general del cuerpo y, en segundo lugar, del alma mediante el amor fraterno y compartir la fe y cualquier conocimiento que ayude a mejorar sus vidas, en lo profesional, social, material, anímico, técnico, etc.

La mayoría nacemos en familias con medidas suficientes o más que suficientes en algunos aspectos y carentes en otros, en la vida material o esencial y en cualidades innatas para desarrollarse más fácilmente en los estudios, en algún trabajo, por ejemplo, y con alguna carencia en lo social, anímico, personal, académico u otro campo importante para adaptarse a la vida social y laboral. Algunos poseen más facultades intelectuales, otros menos; algunos tienen mucho dinero, otros menos y otros nada o muy poco… Lo que más gusta al Señor no son las cosas que haces para ti, como estudiar, tener un buen empleo mejor remunerado y poder comprar bienes materiales necesarios en mayor o menor medida para tu familia y amigos. Eso no es muy valioso a ojos del Señor. Lo que Él más valora es cómo compartimos nuestros bienes con los que no los tienen o los más necesitados, sobre todo si son desconocidos y están fuera de nuestros círculos de amistades o familias. Aquel que ha perdido a su padre y madre a una edad temprana le gustaría que alguien le ayudara y le proporcionara alimento, cobijo y apoyo necesario, al menos hasta que pueda valerse por sí mismo. Y si fuera enfermo o incapaz de ganarse su sustento por sí mismo, necesitaría apoyo y compañía para socializar.

Entre todos los creyentes podemos aportar bienes, donativos, unos más, otros menos, y parte de nuestro tiempo y compañía, en la medida de nuestras facultades, como prefiramos y con nuestro libre albedrío.

Así, por ejemplo, un abogado que consigue ganar más casos judiciales y ser más valorado y remunerado, a ojos del Señor tiene poco valor o diferencia respecto a otra persona. Pero si ese abogado decide un día defender la causa de una injusticia sufrida por un inocente que no puede pagar nada por contratarlo, y libremente decide defenderlo en los tribunales sin cobrarle nunca nada de dinero, por misericordia, entonces esto sí es lo más agradable a ojos del Señor del Universo: la ayuda y cooperación sin recibir ninguna recompensa material de ningún tipo. Eso es amar la verdad, esto es a Dios, y amar a tu prójimo porque percibes, comprendes y actúas ante su necesidad. Estas obras son las que serán escritas en el libro de la vida y por lo que seremos juzgados. A más bienes materiales y de todo tipo entregados por Dios a cada persona, más cuentas se le pedirá sobre a cuántos ha ayudado con ellos a los más necesitados que no conoce y cuántas veces lo ha hecho. Pero ciertamente no solo valorará la cantidad, sino la calidad. Así, como alguien que no tiene dinero y escasea de comida cada mes, si comparte un plato de comida con alguien hambriento y sin medios, este gesto es proporcionalmente mayor que el que da comida o donativo de una parte pequeña de lo que le sobra, aunque sea una cantidad elevada. Eso se llama mérito: hacer algo digno y caritativo en condiciones de dificultad o resistencia. El esfuerzo en circunstancias difíciles nos hace más fuertes y más valiosos a ojos del Señor, que tiene en cuenta todas las principales circunstancias de nuestros actos para valorar el mérito o el demérito.

Así decimos que quien no ama a su prójimo tampoco ama al Señor, a quien no ve, o no hace su voluntad, que es que tengamos caridad y justicia unos con otros en un primer estadio. Como dice el apóstol Juan en 1 Juan 4, 7-9: «Queridos hermanos, amémonos unos a otros, ya que el amor es de Dios, y todo el que ama ha nacido de Dios y conoce a Dios. Quien no ama no ha conocido a Dios, porque Dios es amor». En Juan 4, 20-22 se dice: «Si alguno dice "amo a Dios" y aborrece a su hermano, es un mentiroso; pues quien no ama a su hermano, a quien ve, no puede amar a Dios, a quien no ve. Y hemos recibido de él este mandamiento: quien ama a Dios, ame también a su hermano».

El resumen de la ley y los profetas lo dice Jesucristo en Mt 7, 12: «Así pues, todo lo que queráis que haga la gente con vosotros, hacedlo vosotros con ella, pues esta es la Ley y los Profetas». ¿Y qué es lo principal que quiere o necesita el ser humano de sus semejantes? Que no nos inflija nadie un dolor o perjuicio innecesario o injusto, ser ayudados en nuestras necesidades básicas si no podemos cubrirlas, y amar y ser amados en general. Tener empatía y compasión por nuestros semejantes es, en el fondo, un grado de inteligencia que se comprende la vida, que se percibe como es, y que se considera aquello que es más importante de lo que es menos importante. Así, el amor se equilibra con la inteligencia en nuestra alma y con la sabiduría que nos hace sentir el valor aproximado de las cosas y nos guía en el desarrollo de la consciencia y percepción de cuál es nuestro camino y cuáles son nuestras metas en la vida.

LA FE Y LA SABIDURÍA

Estas cosas, en cuanto a la acción, luego están la fe y la sabiduría. Esta nos dice que creemos que Jesucristo es el Hijo de Dios, que ha venido para mostrarnos la entrada al Reino de Dios, enseñándonos cuál es la voluntad de Dios y a dar su vida y sacrificio en la cruz para que los que creyeran en él tuvieran la vida eterna y el perdón de los pecados. En Mc 10, 45 se dice: «Porque el Hijo del Hombre no ha venido a ser servido, sino a servir y dar su vida en rescate por muchos». En

Juan 1, 1-6: «En el principio existía el Verbo, y el Verbo estaba junto a Dios, y el Verbo era Dios. Él estaba en el principio junto a Dios. Por medio de él se hizo todo, y sin él no se hizo nada de cuanto se ha hecho. En él estaba la vida, y la vida era la luz de los hombres. Y la luz brilla en la tiniebla, y la tiniebla no lo recibió». En Mt 20, 28: «Igual que el Hijo del Hombre no ha venido a ser servido, sino a servir y a dar su vida en rescate por muchos».

Jesucristo y el Padre (Dios) son uno. En Juan 10, 25-31: «Jesús les respondió: "Os lo he dicho, y no creéis; las obras que yo hago en nombre de mi Padre, esas dan testimonio de mí. Pero vosotros no creéis, porque no sois de mis ovejas. Mis ovejas escuchan mi voz, y yo las conozco, y ellas me siguen; y yo les doy la vida eterna; no perecerán para siempre, y nadie las arrebatará de mi mano. Mi Padre, lo que me ha dado, es mayor que todo, y nadie puede arrebatarlas de la mano de mi Padre. Yo y el Padre somos uno"».

El Señor testifica sobre Jesucristo a Juan el Bautista (Mateo 3, 16-17): «Apenas se bautizó Jesús, salió del agua, se abrieron los cielos y vio que el Espíritu de Dios bajaba como una paloma y se posaba sobre él. Y vino una voz de los cielos que decía: "Este es mi Hijo amado, en quien me complazco"».

Dios testifica sobre Jesucristo en la multitud en una prédica en Jerusalén (Juan 12, 27-32): «Ahora mi alma está agitada, y ¿qué diré? ¿Padre, líbrame de esta hora? Pero si por esto he venido, para esta hora: Padre, glorifica tu nombre. Entonces vino una voz del cielo: "Lo he glorificado y volveré a glorificarlo". La gente que estaba allí y lo oyó, decía que había sido un trueno; otros decían que había hablado un ángel. Jesús tomó la palabra y dijo: "Esta voz no ha venido por mí, sino por vosotros. Ahora va a ser juzgado el mundo; ahora el príncipe de este mundo va a ser echado fuera. Y cuando yo sea elevado sobre la tierra, atraeré a todos hacia mí"».

El público no estaba suficientemente desarrollado y evolucionado en la fe y la consciencia. Por eso, según su grado, oyeron ruido o que decían que le habló un ángel, pero no pudieron escuchar claramente las palabras del Señor, del Padre, sobre la glorificación del Hijo Jesucristo.

Tercer testimonio de Dios sobre Jesucristo a tres apóstoles: Pedro, Santiago y Juan, entre los llamados doce elegidos y entre los escogidos, a tres de los mejores. Dios testifica otra vez que Jesucristo es su Hijo (Mateo 17, 1-5): «Seis días más tarde, Jesús tomó consigo a Pedro, a Santiago y a su hermano Juan, y subió con ellos aparte a un monte alto. Se transfiguró delante de ellos, y su rostro resplandecía como el sol, y sus vestidos se volvieron blancos como la luz. De repente, se les aparecieron Moisés y Elías conversando con él. Pedro, entonces, tomó la palabra y dijo a Jesús: «Señor, ¡qué bueno que estamos aquí! Si quieres, haré tres tiendas: una para ti, otra para Moisés y otra para Elías». Todavía estaba hablando cuando una nube luminosa los cubrió con su sombra y una voz desde la nube decía: «Este es mi Hijo, el amado en quien me complazco; escuchadlo».

La multitud de curaciones a enfermos de la mano de Jesucristo testifica los dones de Dios, la aprobación y carismas que tiene del Espíritu Santo. Nadie que miente sobre Dios o sobre sí mismo puede tener carismas del Espíritu Santo, hacer curaciones con la palabra y milagros de multiplicaciones de los panes y peces, la resurrección de Lázaro que llevaba cuatro días muerto (Juan 11, 17-44), caminar sobre las aguas (Mt 14, 22-33) o calmar la tempestad en la barca (Mt 8, 23-27). Esto significa que, en las adversidades y tentaciones más graves, si invocamos a Jesucristo, Él nos puede librar. Pero antes hay que elevar la conciencia, bajar el Reino de Dios y practicar la justicia y la misericordia.

Después, hay que valorar y buscar los bienes duraderos e intangibles que son, en esencia, Dios mismo, como son el amor, la sabiduría, el entendimiento, la misericordia, la fortaleza, la autoestima, el conocimiento, la inteligencia, etc.

El entendimiento es, por ejemplo, en un desencuentro por un asunto o diatriba entre dos personas, tener la capacidad de salir de tu subjetividad e interés personal y tratar, elevándose, de ser objetivo y buscar, en caso de que opinara el Señor sobre la cuestión, qué nos podría decir o enseñar sobre el asunto. Entonces podremos percibir qué parte de razón tiene cada cual y si es más adecuado ceder ante la otra persona o llegar a un acuerdo que beneficie, en parte, a cada una de las dos partes.

LA HUMILDAD

La humildad es el reconocimiento de la necesidad de ayuda y compañía de Dios en nuestras vidas. Es saber o entender que nuestras propias fuerzas, entendimiento común y facultades no son suficientes para vencer todas las tentaciones ni pueden evitar que nos suceda algún daño negativo, ya bien sea que podamos aprender de él o que no se pueda aprender apenas nada. En cualquier caso, no estamos totalmente libres de la fatalidad y desgracia sin límite, como podría ser una enfermedad, un accidente o incluso una muerte repentina en edad temprana, sin que hubiéramos podido antes realizar nuestros proyectos, nuestros objetivos principales. Haber podido aprender muchas cosas y ser probados en muchas circunstancias no nos asegura que no habrá un obstáculo que detenga nuestras vidas; es un reconocimiento tener presente esta posible circunstancia. Y es humildad y sabiduría buscar a Dios respuestas y ayudas, y dejar que Él nos guíe, nos lleve por momentos que no esperamos, a conocer a personas que no conocíamos, y quiere ver cómo interactuamos con ellas, cómo les ayudamos en alguna necesidad o consejo, aunque no nos lo haya pedido, y cómo esas personas nos pueden ayudar, aconsejar o enseñarnos cosas útiles que no sabíamos y que no habíamos experimentado antes.

Sin tener demasiadas ideas preconcebidas a la hora de resolver o gestionar unos hechos que suceden en nuestras vidas, ni tener demasiadas expectativas en cuestiones que no dependen enteramente de nosotros, podrían pasarse inadvertidas posibilidades de cambio y mejora en otras cuestiones que podrían ser importantes para nuestro desarrollo.

A menudo, ante un problema, nos preparamos pensando qué hacer y después, cuando surge la ocasión, resulta más importante tomar otras decisiones y actitudes. Es positivo dejar un espacio en nuestra mente y en nuestro corazón para aquello que sea nuevo, aquello que no pensábamos hacer o decir, aquello que no buscábamos y que nos hemos encontrado ofrecido en nuestras vidas, aquellas personas que no pensábamos contactar y que conocemos y nos aportan cosas bonitas en nuestras vidas y nosotros en la de ellas.

No sabemos la mayoría de razones y explicaciones de lo que pasa a nuestro alrededor. No sabemos cómo piensa en todo Dios y cómo ve nuestras vidas y qué opina de todo. Así, siempre hay más cosas que no sabemos, que cosas que creemos conocer. Con este principio, no es bueno tener ideas demasiado rígidas de lo que queremos hacer, decir o encontrar; ni aún sabemos si, con el tiempo, nosotros mismos podremos cambiar de opinión en algún asunto, ni sabemos si podemos cambiar de gusto o preferencia por alguna persona o cosa.

Una vez nace en nosotros la humildad, correctamente entendida, sentimos que necesitamos a Dios en nuestras vidas, que no podemos saber la mayoría de cosas que hay en la vida y en el mundo, en nosotros y en los demás. Al relacionarnos con otras personas, procuramos ver qué parte de razón pueden tener en sus aspiraciones y transacciones, en su vida y en su entorno. Esta visión nos suele devolver gratitud y evita muchos conflictos por no tener en cuenta las opiniones y reivindicaciones legítimas; incluso somos invitados muchas veces a la cooperación y entendimiento mutuos.

La humildad es principio de todas las virtudes y valores humanos. Sin esta, no pueden nacer y desarrollarse bien las virtudes y cualidades que necesitamos en nuestras vidas, y hace que valoremos erróneamente otras cuestiones, porque la humildad es la base y de ahí surge la piedad, que es el amor a Dios y al prójimo.

Lo contrario de la humildad es la soberbia, que es el amor exagerado a uno mismo, a sus ideas por encima del derecho y respeto debido ajeno. De este error de visión nace la falta de empatía, la falta de amor y consideración por los demás, y eso trae pronto consecuencias perjudiciales para tu entorno, para las demás personas y en la vida de quien padece esta alteración de percepción: toda clase de males, y de allí surgen todos los demás defectos del ser humano: el odio, la intolerancia, el robo, el crimen, el abuso, etc.

LA SUBJETIVIDAD LEGÍTIMA O PERSONALIDAD

Existe una subjetividad legítima, que es, por ejemplo, cómo queremos vivir sin hacernos daño o perjudicar innecesariamente a las demás personas. Porque cuando, en nuestra subjetividad, dañamos o perjudicamos a otras personas u ofendemos al Señor, entonces debemos elevar nuestra conciencia y pasar desde la subjetividad a una objetividad predispuesta a encontrar la verdad, aunque sea algo dolorosa para nosotros mismos. Y puede no gustarnos pensar y actuar así cuando es conveniente. Con el paso del tiempo, esto nos hace tener muchos menos conflictos y problemas con las personas y la sociedad. Incluso acabamos encontrando personas dispuestas a ayudarnos en lo que necesitamos sin pedirles ayuda, al vernos actuar con equilibrio y justicia con las personas. Algunas lo agradecen y surge una empatía de regreso hacia uno mismo, porque tenemos en cuenta a los demás; ellos acaban teniéndonos en cuenta muchas veces.

Así, el equilibrio en las relaciones humanas pasa por saber ceder en el interés y respeto que son legítimos en nuestros semejantes. A corto plazo, puede haber una parte de pérdida aparente de una parte de nuestros bienes, pero el futuro nos proporcionará paz interior, buenas relaciones humanas y algunos beneficios e interacciones positivas en nuestro futuro y vida cotidiana.

Así, la subjetividad legítima sería, por ejemplo, cómo queremos vivir y qué ofrendas y cosas queremos hacer por Dios y por el prójimo, y la necesaria objetividad sería, cuando podemos entrar en conflicto con el prójimo, observar si los intereses ajenos son legítimos, básicos o necesarios, elevando nuestra conciencia hasta situarla equidistante entre nuestros intereses y los intereses ajenos. Como si quisiéramos averiguar qué puede pensar el Señor sobre los dos puntos de vista, teniendo en cuenta que el Señor ama a la otra persona y a mí mismo, *a priori*, de igual manera.

Se dice en el libro de los Salmos que el maná que envió Dios del cielo era como escarcha de trigo blanca, que cada persona encontraba en él el gusto de su alimento preferido. Así, por ejemplo, los que les gustaba más la miel le encontraban sabor de miel; los que preferían el sabor de algunas especias le encontraban sabor de sus especias favoritas. De este modo, Dios contentaba y tenía en cuenta el gusto de cada cual, lo cual es una prueba más de que el Señor acepta parte de nuestra personalidad, de nuestros gustos.

No nos pide nada que sea demasiado difícil, que esté por encima de nuestras posibilidades, que esté fuera de nuestra naturaleza y aptitudes. Nos pide cosas que son sensatas, básicas, para nuestro prójimo y nuestro entorno, para el mundo y para nosotros mismos. Porque he aquí un secreto: todo mal que haces a los demás puede ser reclamado en otra vida, pero ya en esta vida corporal nos mancha y perjudica. Nuestra conciencia no puede estar totalmente tranquila y satisfecha, y también nuestro amor propio desciende y nos sentimos mal con nosotros mismos, aunque parezca a veces que no lo percibimos, pero el daño infringido a los demás también nos perjudica a nosotros mismos.

En cambio, cuando ayudamos a los demás, sea con limosnas, compañía en malos momentos, asistir y aconsejar en cualquiera de sus formas, nos sentimos más útiles y, disminuyendo algo el dolor de nuestros semejantes, también disminuimos un poco nuestro dolor. Cuando llevamos años viviendo y buscando a Dios, sentimos una alegría y consuelo al hacer cosas por Él… son como ofrendas. Si alguna vez no queremos tener en cuenta siempre a los demás, pensando que a Dios no le gustaría nuestra actitud en una cuestión concreta, con una persona concreta, y rectificamos, entonces sabemos que, si no hacemos las cosas por el debido amor al prójimo, las podemos hacer por amor a Dios, como evitar hacer una venganza por una ofensa recibida, soportar una ofensa o prejuicio de alguien, devolver a su legítimo dueño algo que encontramos que no es nuestro, etc.

Mt 20, 1-16. Vemos en la parábola del dueño de las tierras que contrató a jornaleros que encontró en la plaza pública esperando ser contratados, unos a primera hora del día, otros más tarde y otros una hora; y a todos les dio un denario, que era la paga de un día de trabajo. Los que trabajaron todo el día dijeron: «¿Por qué a estos que trabajaron menos horas los igualas a nosotros?». Y el señor les dijo: «Amigo, a ti no te hago agravio, te di lo acordado. Si yo quiero ser generoso con estos, ¿a ti qué?». Esto es, lo que trabajaron todo el día pueden ser los que se salvarán por su justicia, y los que trabajaron menos horas pueden ser los que se salvarán por misericordia o gracia; es decir, no tienen mucha cantidad de obras buenas hechas por Dios y por amor a los semejantes, pero desde luego tienen obras también. Otra acepción es que no es solo cuestión de cantidad las buenas obras, sino de calidad, que estén hechas con devoción, entendimiento y gratitud.

Como el óbolo de la viuda que echó al tesoro del templo dos blancas, que eran un cuadrante, la moneda judía más pequeña que había entonces. Jesucristo, al verlo, dijo que ella había echado más que los demás, porque los otros echaron una parte de lo que les sobraba, mientras que la viuda echó de lo poco que tenía para vivir... Así, el mérito no depende solo de cantidades, sino de proporción, esfuerzo y valía. El Señor tiene en cuenta todas las variables al juzgar una obra nuestra; el fuego que hace aceptar la ofrenda es el amor. Cuando ofrecemos una ofrenda a Dios con amor y con gratitud por poder hacerla, es entonces subida al cielo y aceptada, no porque Dios necesite de ofrendas para vivir, sino que necesitamos nosotros mismos hacer ofrendas de amor para vivir y ser sanos y salvos, para sentirnos útiles y encontrar sentido a la vida.

EL ENTENDIMIENTO Y LA SABIDURÍA Y SU INTERACCIÓN MUTUA

El entendimiento es la correcta u oportuna relación de las distintas informaciones que poseemos en general de la vida y, en particular, en una cuestión o diatriba con una u otra persona, varias o entidades, llevándonos a una conclusión sobre cuál es la mejor solución o resolución del conflicto, desde un punto de vista subjetivo (el interés propio legítimo) y el punto de vista objetivo (el interés común legítimo). El entendimiento es más perspicaz y resolutivo en cuestiones del mundo físico, social, de cuestiones más tangibles y limitadas en el tiempo y el espacio.

En cambio, la sabiduría recibe una indeterminada comprensión que acaba de situar en el correcto lugar de la comprensión del entendimiento y nos ayuda a aprender, asimilar y valorar las cuestiones más elevadas, sin forma ni delimitación, de la vida y comprensión de la voluntad de Dios y su esencia. Sin la sabiduría, el entendimiento sería insuficiente para poner el lugar adecuado y comprender cada asunto del ser humano.

A través de la sabiduría comprendemos también el dolor y sufrimiento ajeno y la voluntad de Dios para que cooperemos entre nosotros; y, al comprenderlo, es cuando podemos amar y sentir compasión por nuestros semejantes, porque también comprendemos que no estamos libres del infortunio, la enfermedad y la pérdida, y que, siendo el Señor omnipotente y nosotros tan débiles y condicionados, necesitamos la constante ayuda y aprobación del Señor en nuestras vidas, para no caer en el error, sufrimiento y pérdidas mayores o menores, generales o parciales. Sabemos que dependemos totalmente del Señor para resolver, aceptar, soportar y trascender cualquier tipo de cuestión, pues nuestra vida y facultades son todas presentadas por el Señor. Sin Él, nada puede funcionar en nuestras vidas; así, la sabiduría nos trae la virtud de la humildad, que es sabiduría y principio de muchas buenas que podemos hacer por el prójimo y las necesarias para nosotros mismos.

Principio de sabiduría es el temor de Dios, a su castigo si somos malvados, a que nos abandone de manera dolorosa y, más aún, definitiva en la otra vida. Pero en el segundo estadio nace de la sabiduría la humildad y el amor, en cuanto al alma comprende qué cosas debemos buscar y valorar (a Dios) y qué cosas son solo pasajeras y menos importantes, como los bienes del mundo y las consideraciones que se dan de unos seres humanos a otros, que pueden estar siempre sobrevaloradas o minusvaloradas porque nosotros no podemos ni ver todas las cosas en toda su información, ni saber todas las cosas tampoco. Así buscamos la que creemos que es la posible opinión del Señor sobre nuestras vidas y las cuestiones que nos van surgiendo y sucediendo cada día y cada instante; buscando la inspiración divina cuando es el momento oportuno de resolver una cuestión, porque nuestras ideas preconcebidas suelen fallar y encontrarnos más dificultad en cosas que no esperábamos y nuestro mayor temor no llega a realizarse en el momento que más teníamos.

LA IDOLATRÍA

Encontramos, contrario al amor de Dios y a la sabiduría, a la idolatría, la religiosa, como había en tiempos de los reyes de Israel, de naciones vecinas, paganas, con dioses falsos como Baal, cuyo culto aberrante se ofrecía en holocausto a bebés enterrados a las puertas de las murallas de la ciudad en honor a Baal para protegerse falsamente contra una posible incursión enemiga; o adorar a una criatura en lugar de al Señor, como algunos del antiguo Israel hicieron con el becerro de oro en el desierto, buscando a otros dioses que los sacaran del desierto, desconfiando y desconociendo al único ser que lo puede todo.

Luego está la idolatría humana, que es cuando amamos algo por encima del amor y deber debido a Dios y al prójimo respecto a la ayuda. Por poner un ejemplo, amar al dinero por encima de todo y convertirlo en la única y mayor finalidad de la vida. Este amor exagerado y fuera de lugar tiene prontas consecuencias, y son que acabarás engañando a tus semejantes para conseguir más dinero y beneficios, de cualquier manera o método, porque no amamos o amamos mucho menos a las personas y tampoco nos acordamos de la voluntad de Dios, que es que nos amemos unos a otros. También el idólatra se podrá hacer ladrón de bienes ajenos o buscar ascender en trabajos más remunerados, pasando por encima de las demás personas y engañando a quien sea y como sea, apartándose de Dios en su idolatría y causando pérdidas y sufrimientos a inocentes, de lo que podremos ser demandados en la venida del Reino de Dios y su juicio final.

Así, en la idolatría religiosa tenemos al becerro de oro; en la idolatría mundana, el oro del becerro como único fin y bien.

ESTUDIO DE LAS ESCRITURAS

Tenemos la lectura y estudio de las Sagradas Escrituras como medio y reflexión para comprender mejor la voluntad del Señor y sus mandamientos. Debemos leer por nosotros mismos y descubrir los mensajes, llamadas e interpelaciones del evangelio, comprender mejor el plan de Dios y qué cuestiones son más importantes que otras, qué bienes pueden ser eternos, lo que más necesitamos en nuestras vidas y qué cosas en demasía cantidad son superfluas.

Aconsejo una media de diez años leyendo una media hora al día aproximadamente, la Biblia, los padres de la Iglesia, grandes teólogos y místicos, para aprender mejor las escrituras, lo que es medianamente medible y el sentido intuitivo que nos viene a través de la sabiduría. Cuando leemos las escrituras, descubrimos y aprendemos siempre algo nuevo que relacionamos con nuestras vidas y ponemos en práctica.

Después de este período, se puede uno concentrar en la atención plena del momento presente, con menos temor de caer en errores de valoración por el estudio y lecturas realizadas y porque hemos sido interpelados cada uno a percibir y sentir el mensaje del amor, perdón y esperanza de los evangelios, que nos habla directamente a cada uno.

LA ORACIÓN

La oración es la búsqueda de ayuda y consejo del Señor sobre nosotros, en nuestras vidas, en el quehacer diario. Nosotros pedimos lo que necesitamos, viendo qué bienes son esenciales y cuáles superfluos; lo necesario para nuestro cuerpo y nuestra paz, y lo necesario para nuestra alma y espíritu, para poder recibir parte de los dones en esta vida y mejorar nuestras vidas, ayudando de forma más cabal al prójimo, amando y haciendo la voluntad de Dios.

Recomiendo, al empezar a orar, estar de pie en tu habitación en un momento en que nadie pueda interrumpirte. Comienza la oración saludando al Señor y enumerando cualidades de Él. Después, a través de la humildad, pide ayuda y que nos sea propicio, declarando nuestros principales defectos y debilidades, aquellos que son más difíciles de corregir, que todos tenemos. Luego, pide conocer su voluntad y ser ayudados y protegidos por Él. Después, pide por familiares, conocidos y amigos, y solicita por los seres humanos que no conocemos en persona y que más necesitan ayuda material y espiritual; pide para evitar desgracias y catástrofes ajenas, como guerras y desmanes climáticos, como excesivas lluvias, sequías, terremotos, etc. A continuación, pide la llegada del Reino de Dios y, para acabar, da gracias por los bienes recibidos y expresa algunas frases de exaltación de las cualidades y esencia del Señor.

Hay que evitar distracciones en la oración, atender en lo que se está diciendo y estar preparados para intuir una respuesta nueva e inesperada, que no habíamos imaginado. Ten presente a Aquel que todo lo sabe y todo lo puede; confía en Él y ten paciencia. Dijo un presbítero que tardó 30 años en poder orar sin distracciones; forma parte de tu relación con Dios la oración.

Recomiendo un mínimo de dos o tres Padrenuestros al día y un Ave María para nuestras peticiones habituales y diarias. Pero, además, por cada problema o cada persona por la que quisiéramos pedir algo, reza otro Padrenuestro y un Ave María más. Recuerda que cada vez que se solucione un problema, una situación molesta que nos angustiaba o preocupaba, sería muy bueno rezar otro Padrenuestro y un Ave María más de los dos o tres habituales de cada día. Ser agradecido con Dios nos otorga más dones, ayuda y comprensión verdadera; y ser agradecido con las personas que nos ayudan y atienden en una dificultad, sea o no con remuneración (hay que ser agradecidos también), es lógico y natural. Se suele recibir con agrado y se procuran mejores relaciones con nuestro entorno y con muchas de las personas que entran en contacto con nuestras vidas, que pueden estar inspiradas por Dios, pero aun así han decidido ayudarte y servirte de la mejor manera. Sé agradecido y la vida te agradecerá también.

San Jerónimo, que se fue al desierto a meditar y a estudiar las Sagradas Escrituras, se dice que un día se le apareció Jesucristo y le dijo que por qué no le había ofrecido todo. Él respondió: «Pero Señor, he renunciado a mis bienes y se los he dado a los pobres, he venido al desierto a meditar, a estudiar las escrituras y no tengo nada. ¿Cómo dices que no te he ofrecido todo?» Y Él le respondió: «No me has ofrecido tus pecados aún».

En oración debemos presentar todo lo importante a Dios, incluso nuestras faltas, nuestros peores pecados, que, aunque no hagamos más en mucho tiempo, aún nos avergüenza haberlos cometido. Él nos curará, nos sabrá perdonar si perdonamos a los demás, nos curará de la aflicción, en esta vida y en la otra para siempre.

Nunca pensemos que no somos escuchados o que no podremos recibir algo porque sea difícil o porque no sea estrictamente necesario. No nos precipitemos en sacar conclusiones, no nos desesperemos, porque a veces llegan las cosas más tarde de lo esperado y de mejor y más clara manera. Cambiemos nosotros mismos en conciencia y el mundo podrá cambiar con nosotros. Distingue lo que es útil de lo que no lo es; haz lo que dependa de ti y después podrás echarte a dormir y verás crecer los acontecimientos.

Nunca pensemos que a Dios no le importa nuestra vida, nuestros pensamientos, nuestros proyectos. Él nos ha creado, tanto el espíritu, mente, cuerpo y alma. ¿Cómo no va a querernos? Somos obra suya. Lo que sí quiere es que tengamos una relación con Él, le hablemos y ofrezcamos cosas para que Él nos aconseje y nos haga ver la verdad que necesitamos tener. Al principio no entendemos muchas cosas que nos suceden, pero cuando empezamos a hacer oración diaria, con los años, vemos pasar delante de nosotros soluciones a problemas poco antes de que se presenten. Aumenta nuestra conciencia porque, entre otras cosas, pensamos: «¿Qué debe pensar Él de esto?». Mejoramos nuestra salud y fuerza, nos adaptamos más rápidamente a los cambios, a lo inesperado, mejoramos nuestro carácter, empezamos a distinguir el verdadero valor de cada cosa en nuestras vidas. Si podemos ser solidarios económicamente y damos donativos y limosnas regularmente, nuestras oraciones pueden llegar al cielo y ser escuchadas, pero debemos rezar bien, con atención y honestidad, diciendo las cosas que son verdaderamente importantes y las que no lo son, y aprendiendo a aceptar que alguna vez algo no salga bien o no consigas alguna cosa que has pedido y que parece ser muy importante, pero de la que sigues pudiendo vivir sin eso y no te has muerto.

A veces, para conseguir algo importante, te tienes que transformar tú primero, mejorar, ser más consciente de todo, no equivocarte en valoraciones y aprender de las personas y de la vida. Si lo haces bien, guiado por la sabiduría, cuando estés preparado para conseguir algo, vendrá a ti sin hacer nada, sin haberlo pedido recientemente. Solo ten fe y transfórmate.

NO JUZGAR

Otro precepto que hay que tener en cuenta es no juzgar al prójimo. No sabemos sus dificultades, luchas, debilidades y circunstancias; tampoco nos compete a nosotros juzgar a un ser humano, eso le pertenece al Señor, creador de toda vida y conocedor de todas las cosas. Mateo 7, 1-3: «No juzguéis para que no seáis juzgados. Porque seréis juzgados como juzguéis vosotros, y la medida que uséis, la usarán con vosotros». Y también en Juan 7, 24: «No juzguéis según apariencia, sino juzgad según un juicio justo».

LOS EJERCICIOS

Una cuestión que ayuda a sentirnos mejor y más capaces de esforzarnos y tratar de resolver las cuestiones, deberes y problemas que nos van surgiendo, es dar alimento variado al cuerpo, hacer ejercicio regularmente, como andar 20 minutos seguidos sin parar, estiramientos, rotaciones de cuello y caderas. Este mantenimiento evita lumbalgias y algunos trastornos en el cuerpo debido a la edad y falta de ejercicio. Si no se trabaja el cuerpo mínimamente, se torna una molestia y un malestar que ofuscan nuestro trabajo de elevación de conciencia y nuestras cuestiones cotidianas.

El ejercicio debe ser al menos 4 o 5 veces por semana. Es preferible poco y a menudo que no una o dos veces por semana, que no son suficientes. Si trabajamos sentados toda la semana y salimos a correr el séptimo día, eso es malo; el corazón no está habituado al ejercicio y pueden hacerse las paredes duras, pero no se va haciendo grande el corazón. Con lo cual, un sobreesfuerzo un solo día a la semana puede hacer que el corazón colapse. No es necesario hacer grandes esfuerzos, sino mantener la regularidad. Con solo andar 20 minutos sin parar al día mínimo, además de los ratos que vamos a alguna parte, y hacer estiramientos en casa y rotaciones, el cuerpo estará preparado para no perder tono, sentirse bien y, si algún día caminamos más o tenemos que hacer un esfuerzo, el cuerpo estará más preparado. Así, de diario tendrás menos tendinitis, lumbalgias, dolores de articulaciones, etc.

PERDONAR

También hay muchas enfermedades psicosomáticas que suelen tener origen en una no aceptación de un hecho trágico o, por ejemplo, una ofensa. Si no perdonamos al prójimo de corazón, llevamos el sufrimiento de la pena y ofensa constantemente con nosotros, creándonos malestar psíquico y físico, con alteraciones en la salud de varios tipos y maneras.

Todos, desde la niñez, hemos cometido errores, de palabra y de acción, por ignorancia algunas veces y otras por mala voluntad. Así necesitamos alguna vez ser perdonados y la consecuencia es que debemos aprender a perdonar y debemos aprender lo que está mal, lo que nos perjudica a nosotros y lo que perjudica a los demás, para no hacerlo, para rectificar y para hacer así también la voluntad de Dios.

EJERCICIOS DE RESPIRACIÓN

Recomiendo también sentarse 8 o 10 minutos al día, con ropa cómoda, sobre todo en la cintura y vientre, con la cabeza y cuello rectos, alineados a la espalda. La espalda debe estar recta, por la parte media baja ligeramente hacia delante, cerrando los ojos y respirando por la nariz respiraciones abdominales más profundas de lo normal, algo más lentas de lo normal y más largas. Al inspirar, expandimos el abdomen, notando cómo el aire entra desde comisura del labio superior hasta la entrada de la fosa nasal, y después espiramos el aire notando cómo sale de las fosas nasales mientras encogemos el abdomen, procurando que al menos dure tanto tiempo la espiración como la inspiración, algo profundo, pero no demasiado forzado, procurando no pensar en nada, solamente poner atención en cómo entra el aire por nuestra nariz y cómo sale.

Estos ejercicios oxigenan los pulmones y la sangre y calman la mente, pues casi siempre que tenemos miedo, ansiedad o preocupación, solemos respirar poco y entrecortadamente, con solo la parte superior de los pulmones, y eso agudiza nuestra sensación de malestar.

También nos ayuda a dominar la mente, a calmar los sentidos, a tener más autocontrol y a sentirnos mejor, más preparados para hacer ejercicio físico, mental y a dominar mejor los malos deseos que podamos tener.

3

Amar al prójimo

Segundo mandamiento: «Amarás al prójimo como a ti mismo».

Sabemos que seremos juzgados principalmente por nuestro amor y compasión al prójimo, que esto agrada al Señor y los hallados como compasivos y caritativos heredarán bienes de parte del Señor, facultades y plenitud de las cosas y esencias buenas y eternas que vienen de Dios y son Dios, y podremos conversar con Él, oírlo y ya no estaremos solos y abandonados en un lugar hostil y doloroso.

En las acciones primordiales, tenemos la cita bíblica de Mateo 25, 31-46: «Cuando venga en su gloria el Hijo del Hombre, y todos los ángeles con él, se sentará en el trono de su gloria y serán reunidas ante él todas las naciones. Él separará a unos de otros, como un pastor separa las ovejas de las cabras. Y pondrá las ovejas a su derecha y las cabras a su izquierda. Entonces dirá el rey a los de su derecha: "Venid vosotros, benditos de mi Padre; heredad el reino preparado para vosotros desde la creación del mundo. Porque tuve hambre y me disteis de comer, tuve sed y me disteis de beber, fui forastero y me hospedasteis, estuve desnudo y me vestisteis, enfermo y me visitasteis en la cárcel y vinisteis a verme". Entonces los justos contestarán: "Señor, ¿cuándo te vimos con hambre y te alimentamos, o con sed y te dimos de beber? ¿Cuándo te vimos forastero y te hospedamos, o desnudo y te vestimos? ¿Cuándo te vimos enfermo o en la cárcel y fuimos a verte?".

Y el rey dirá: "En verdad os digo que cada vez que lo hicisteis con uno de estos, mis hermanos más pequeños, conmigo lo hicisteis". Entonces dirá a los de su izquierda: "Apartaos de mí, malditos, id al fuego eterno preparado para el diablo y sus ángeles. Porque tuve hambre y no me disteis de comer, tuve sed y no me disteis de beber, fui forastero y no me hospedasteis, estuve desnudo y no me vestisteis, enfermo y en la cárcel y no me visitasteis". Entonces también estos contestarán: "Señor, ¿cuándo te vimos con hambre o con sed, o forastero o desnudo, o enfermo o en la cárcel, y no te asistimos?" Él les replicará: "En verdad os digo: lo que no hicisteis con uno de estos, los más pequeños, tampoco lo hicisteis conmigo". Y estos irán al castigo eterno y los justos a la vida eterna».

Cabe explicar que los hijos del Reino son como ovejas, y los hijos del mal como cabras. Alegórica y espiritualmente, la cabra tiene dos características diferenciales en la actitud: primero, busca situarse siempre o a menudo en sitios más altos que los demás animales y, segundo, cuando ve algún animal acostado, enfermo, débil y/o pequeño, va a cornearle. En lenguaje alegórico, los hijos del mal buscan dominar a los demás y no tienen compasión de los débiles o pobres en algunos aspectos.

LA VIRTUD

Unas actitudes interiores que nos acercan al Señor son las virtudes, denominadas como disposición habitual y firme a hacer el bien. El papa Benedicto XVI dijo que el sermón de la montaña, de las bienaventuranzas, es la nueva Torá o Ley. Mateo 5, 1-12: «Bienaventurados los pobres en el espíritu, porque de ellos es el reino de los cielos. Bienaventurados los mansos, porque ellos heredarán la tierra. Bienaventurados los que lloran, porque ellos serán consolados. Bienaventurados los que tienen hambre y sed de justicia, porque ellos quedarán saciados. Bienaventurados los misericordiosos, porque ellos alcanzarán misericordia. Bienaventurados los limpios de corazón, porque ellos verán a Dios. Bienaventurados los que trabajan por la paz, porque ellos serán llamados hijos de Dios.

Bienaventurados los perseguidos por causa de la justicia, porque de ellos es el reino de los cielos. Bienaventurados vosotros cuando os insulten y os persigan y os calumnien de cualquier modo por mi causa. Alegraos y regocijaos, porque vuestra recompensa será grande en el cielo, que de la misma manera persiguieron a los profetas anteriores a vosotros» (también en Lucas 6, 20-26).

Por pobres de espíritu se refiere a que desean o quieren pocos bienes o pocas cosas de este mundo, y que no confían ni en los bienes de este mundo ni en sus propias fuerzas y conocimientos; antes piden ayuda y consejo al Señor y le buscan en sus caminos. Los bienes del mundo uno sabe que no pueden suplir la falta que nos hace encontrar a Dios en nuestro corazón y en nuestro espíritu, y sabe que en ningún hombre cualquiera puede confiar plenamente, como dice el profeta Jeremías (Jeremías 17, 5): «Esto dice el Señor: "Maldito quien confía en el hombre, y busca el apoyo de las criaturas, apartando su corazón del Señor"».

Excepto a Jesucristo, que es la puerta hacia el Reino de Dios.

LA CONFIANZA Y LA BÚSQUEDA

Hay muchos ejemplos en el Antiguo Testamento, que cuando Israel temía a un enemigo pronto a llegar, consultaban y pedían ayuda al Señor, Él los libraba, y a no ser que tras reiteradas advertencias hubiera determinado un castigo por mala conducta reiterada, haciendo caso omiso a los profetas. Pero en cambio, las veces que con un enemigo a las puertas confiaban o pedían ayuda a Egipto, o a los *baales,* o a otros pueblos, entonces el Señor se ofendía y hacía y permitía la derrota de Israel y no los libraba del castigo.

Porque, como dicen teólogos y místicos, el Señor puede permitir un mal temporal para conseguir un bien eterno. Leemos en el profeta Isaías (Isaías 45, 6-7): «Para que sepan de Oriente a Occidente que no hay otro fuera de mí. Yo soy el Señor y no hay otro, el que forma la luz y crea las tinieblas; yo construyo la paz y creo la desgracia. Yo, el Señor, realizo todo esto».

En las desgracias o fatalidades por haber cometido un error o pecado, aprendemos la diferencia entre las consecuencias de hacer el bien y las de hacer el mal y podemos rectificar. Si buscamos algo que es justo para varias personas, desde un punto de vista objetivo, y nos vemos sumidos en la adversidad, entonces nuestra fe, justicia y valores son probados mediante perseverancia, y son fortalecidos y demostrados que estaban bien enraizadas en el corazón generoso de un justo; las convicciones y la fortaleza no se demuestran cuando todo es fácil y si recibimos rápidamente algo bueno a cambio, sino cuando encontramos dificultades, oposición y contratiempos, pero la perseverancia corona la virtud.

Soportar una ofensa sin vengarse, sobre todo de acción, aunque sea injusta y desproporcionada, nos merece la bienaventuranza de los mansos, que poseerán la tierra (prometida, del Reino de Dios).

Soportar sufrimientos y desgracias, sin devolver a la vida o al prójimo mal por mal, es prueba de fortaleza y elevación de conciencia.

El perdonar faltas hará que el Señor perdone nuestras faltas y los limpios de corazón son los que han buscado al Señor y le han sido fieles en la adversidad, sin esperar bienes de este mundo no necesarios ni recompensa en este mundo por hacer el bien y buscar agradar a Dios, haciendo su voluntad y enseñanzas.

LA AMISTAD Y EL DESAPEGO

La amistad es la capacidad de, en la vida personal, interactuar con otras personas sin un interés económico. Sería como la pequeña familia que tú has escogido y ellos te han escogido para hacerse compañía, escuchar y explicar tus vivencias, opiniones y pensamientos con agrado e interés, y de la que se aprende mutuamente, porque a menudo se ven más rápidamente los errores de los demás que los nuestros propios. Así, si son dos personas que buscan aumentar su conciencia, mejorar, aprender y sentirse medianamente bien, pues hablando uno aprende del otro sus encuentros y desencuentros con la vida, y sentimos que nuestra vida y pensamientos interesan a alguien; es reconfortante si son personas con valores humanos y que tienden al respeto y a la comprensión ajena, de otras vidas, de otros pensamientos, y valoran cuestiones importantes a largo plazo.

Alguien dijo, con sentido del humor, que un amigo es una persona que, a pesar de que te conoce, te aprecia… acaba ayudándote, lo hacen mutuamente, de muchas maneras, sin pedirlo, no por interés propio, sino por aprecio al amigo, a lo que representa en nuestras vidas, por deseo de su bienestar, al menos el más básico e importante.

Aprecias sobre todo su compañía y poder contarle cosas con alguna confianza de que te va a comprender y considerar, y te interesas por su vida, si está bien y qué cosas le han pasado o sucedido.

Pueden verse a menudo, o pueden verse poco; pueden estar atareados con sus trabajos y familias, pero agradecen verse de vez en cuando y hablar, sentir que le importas a alguien y que esa persona también te importa cómo está y qué le sucede; es el tipo de amor del ágape, es uno de los más altos y escogidos amores, porque si todos somos creados por el mismo Dios, es que entonces somos hermanos todos, sin deberle nada ni haber hecho nada anteriormente por él. Un día encontramos una persona que escoge nuestra compañía y nosotros escogemos la compañía de él, porque a menudo no nos sentimos bastante comprendidos y apreciados por otras personas que nos vamos encontrando por nuestras vidas. Otras veces sentimos que alguien tiene un interés particular en conseguir algo material o físico de nosotros, pero nuestra vida en el fondo poco les importa.

Muchos que han hecho fortuna en poco tiempo ven cómo tienen muchos amigos que les alaban, pero cuando se les acaba gran parte de su fortuna o aparece una condición mala en la vida de uno, como puede ser una grave enfermedad, entonces, en uno y otro caso, se dan cuenta de que pierden la gran mayoría de amigos que creían tener y que tanto les alababan y se juntaban con él a todas horas, porque eso no era amistad verdadera; se llama simplemente interés y especulación.

El desapego es aprender a dejar ir a personas a las que hemos tenido aprecio en general, pero por diversas razones pueden irse a vivir lejos de ti. Puede que sea por un trabajo, por un casamiento, y esas personas, libre o involuntariamente, van desapareciendo de nuestras vidas. Si las apreciamos mínimamente, debemos alegrarnos de que puedan estar bien y ser felices, aunque parezca que se han olvidado un poco de nosotros. Nadie es dueño de otra persona, y nos pueden querer o apreciar de manera distinta a como apreciamos nosotros; incluso puede cambiar su interés y ganas de sentir nuestra compañía. Debemos aceptarlo; forma parte de la bienaventuranza de los mansos, que aceptan sin rebelarse las decisiones personales de cada cual y que aprenden a aceptar que cada persona puede tener una opinión y valoración distinta y cambiante sobre uno mismo y sobre cualquier tema de nuestras vidas.

Respetar las maneras de pensar, los estados evolutivos de cada cual, no hacer violencia contra uno mismo o contra la libertad legítima de las personas es también un signo de elevación de la conciencia y de no ser en lo malo como niños que procuran imponer a menudo su voluntad propia sobre los demás, sin haber aprendido aún que los demás también tienen voluntad propia, nos parezca más justa y apropiada o no.

Debemos agradecer los buenos momentos que hemos pasado en compañía y no aferrarnos y rebelarnos si las personas no están y aparecen otras; si las circunstancias nos impiden ver a menudo a esa otra persona, o incluso si no quiere vernos, aceptar no es perder; aceptar puede ser vencer, vencerse a uno mismo.

LA FAMILIA

La familia es nuestra primera misión en la vida y nuestro primer contacto con las personas. Cuando nacemos, somos dependientes de cualquier cuidado básico; necesitamos que nos alimenten, no podemos proporcionarnos comida y supervivencia. Necesitamos todo cuidado físico y anímico; debería ser un recuerdo de que todos hemos necesitado ayuda de balde, sin poder devolver la ayuda ni intercambiar nada a cambio de la ayuda. Somos cuidados por amor y por tener, por así decirlo, la misma sangre y los mismos genes. Es un amor de padres a hijos más puro, aunque es más común, por ser de nuestro grupo o familia, por ser de nuestra carne.

Ya hemos hablado de que el amor más puro es cuando ayudamos y asistimos a alguien que no es de nuestra familia, de nuestro grupo, que no conocemos, que no puede devolvernos la ayuda de ninguna manera. Sin este amor y solidaridad altruista, ninguna sociedad podría mantenerse ni evolucionar; tendería a destruirse unos a otros por intereses personales, privados o de grupos y sectores de la sociedad.

La solidaridad y los derechos básicos puestos en obra por las administraciones públicas construyen una sociedad más justa, con menos pobreza y sufrimiento en las carencias básicas; pero después la sociedad debe aportar el equilibrio de intereses entre unos y otros, de manera que, aunque las administraciones públicas sean medianamente justas y cubran la mayor parte de necesidades vitales posible, sin la colaboración y contribución de la mayoría de las personas que componen la sociedad no tendría el efecto suficiente. Si la sociedad fuera deshonesta mayoritariamente, no podría subsistir y acabaría habiendo conflictos, guerras y malestar.

Nacemos necesitando aprender el valor de las cosas; no basta que nuestros padres nos hablen alguna vez de la importancia y valor de ciertas cosas o cuestiones, necesitamos comprenderlo, experimentarlo; si se me permite, necesitamos equivocarnos para sentir la sensación y la decepción que supone tomar decisiones equivocadas que van en contra del respeto humano y del derecho ajeno y que también pueden ir en contra nuestra y ser perjudiciales en nuestra vida, en nuestro cuerpo, en nuestras metas y ambiciones y en nuestro entorno. Así, es necesario experimentar las consecuencias interiores y exteriores de los principales valores que nos enseñan y aprender que, cuando hacemos algo mal, no nos sentimos bien o hacemos sentir mal a los que nos rodean y sus consecuencias. En ocasiones, aprendemos más rápido equivocándonos, si hacemos una pronta reflexión y rectificación, que no haciendo las cosas medianamente bien por inercia o costumbre. El error debe ser comprendido, pero a veces experimentado.

Cada miembro de la familia puede pensar que le gustaría haber tenido un familiar que fuera o se comportara de otra manera, o que le pudiera haber dado un determinado bienestar o conocimientos, influencias, lugares o relaciones. Debemos aprender a aceptar en la familia que podríamos ser mejores para los demás y que los demás podrían ser mejores para nosotros. En la familia aprendemos a respetar y comprender que cada persona tiene unos gustos y maneras o deseos de vivir diferentes; entre hermanos, personalidades muy distintas aun recibiendo muy parecidos estímulos y condiciones de vida. La conclusión correcta es aprender y aceptar a las personas como son en realidad, que pueden cambiar hábitos y comportamientos, pero una vez en edad adulta es difícil que cambie la personalidad de una persona. Mientras respetemos a las personas, no tenemos por qué cambiar de personalidad, de gustos y opiniones particulares si no van en detrimento del prójimo y son legítimas, porque nuestras mayores cualidades nos hacen avanzar y aprender más rápido y de manera personal; pero también nuestros defectos y limitaciones a tener en cuenta son mejorables en algunos casos y limitantes en algunos proyectos y ambiciones que nos vienen demasiado grandes o nos son demasiado difíciles de cumplir y no son estrictamente necesarios en nuestras vidas. Todos tenemos algunas carencias o algún grado distinto en nuestras carencias, cuestiones que se nos hacen muy difíciles de aprender y realizar.

Una cuestión que valoran mucho los hijos, cuando son niños especialmente, es la compañía de los padres, jugar alguna vez con ellos y que les escuchen y respondan a sus preguntas. Al menos una hora de compañía al día, que el mundo infantil y sus constantes experiencias y descubrimientos cotidianos no sean totalmente ajenos al mundo de los adultos. Aunque muchas veces, los horarios extensos de los trabajos y las necesidades económicas hacen que los padres lleguen muy tarde a casa y, cansados, no les dé tiempo de estar con ellos, y tengan que descansar o incluso preparar comida, quehaceres domésticos, sus labores y preparar parte del día posterior. Así, la riqueza para algunos no sería ganar un gran sueldo para comprar cosas y un nivel de vida, sino tener tiempo libre para estar con sus hijos, familiares y algún amigo; pero a menudo no tenemos la opción de escoger y dejar un trabajo sin tener la inmediata opción de otro, sin la seguridad de la estabilidad del tiempo. En un mundo en el que las máquinas aumentan la productividad, pero rebajan la necesidad de mano de obra y de puestos de trabajo, es al mismo tiempo una ventaja y un inconveniente.

Los niños que suelen pasar más tiempo con los padres, y que van a menudo con ellos a muchos lugares, son más responsables por naturaleza; son más prudentes porque empiezan a entender más rápido y mejor el mundo que les rodea y a adaptarse e interactuar con él. Tienen más habilidades sociales y sienten que su mundo no es abismalmente tan diferente del de los adultos. Los padres tratan con respeto, proporcionalidad e interés a sus hijos, y ellos, percibiendo esta influencia, aprenden mucho más rápido, se sienten más seguros en el entorno y toman decisiones más acertadas y oportunas que los demás niños que no pueden tener una buena interacción con los padres, por falta de tiempo, y también porque nadie les ha enseñado a ser hijos ni a ser padres. Todo se confía al autodescubrimiento en la edad adulta, al libre albedrío y al sentido común que nadie se ha dedicado a enseñar ni a distribuir. Los conocimientos básicos, por ejemplo, en las escuelas, deberían impartirse gradualmente sobre cómo ser padre y cómo ser hijos. Se presupone, se supone que cada adulto sabe, pero muchos no sabemos cómo actuar en diferentes problemáticas que puede tener un niño, como son malos tratos entre alumnos, enfermedades o alteraciones del aprendizaje, y que los padres necesitan ayuda profesional y técnica para no caer en un error y para poder ser más efectivos en sus aportaciones y consideraciones.

El amor a los hijos y la paciencia en sus aprendizajes hacen evolucionar al niño de mejor manera, a pesar de que, en la adolescencia y en la edad adulta, encontrará problemas y disyuntivas que solo él podrá y tendrá que arreglar, y cosas que deberá aprender por sí mismo. Tampoco podemos esperar que en todos los valores y formas de pensar sea igual que los padres; él tiene derecho a tener su propia personalidad, a elegir el oficio que quiera tener e interpretar la vida a su manera. Dar libertad y comprensión en ese sentido también es una prueba de amor, pero no corregirle cuando ha cometido un daño innecesario a alguien sería falta de rigor y enseñarle que no hay límites; sería mostrarle un falso amor, una tolerancia y permisividad excesiva.

Todos nacemos ignorantes y debemos aprender el valor de cada cosa y a interactuar con nuestros semejantes, cooperar con ellos sin que nos suponga un perjuicio en nuestras vidas y aspiraciones. Y si, por ejemplo, tuviéramos un familiar que, por causas físicas, dependiera mucho de nosotros, y al ayudarle diariamente quedáramos agotados, mereceríamos un descanso alguna vez y poder tener vida propia en algunos momentos o días. Nos necesitamos mutuamente, pero también necesitamos crecer y reflexionar en nuestras vidas y valorar qué aspiraciones queremos tener, buscar y procurar que nos hagan sentir que nuestra vida tiene un sentido y una finalidad propia y común en cuanto a familia, pueblo, sociedad, país, agrupación, etc.

Y después surge la vejez, cuando creíamos haber aprendido lo necesario para vivir, para nuestro sustento, para saber qué hacer en diversas circunstancias. Entonces, empezamos progresivamente a contar con enfermedades asociadas, a una disminución de algunas facultades de movilidad o cognitivas, y empezamos a depender otra vez de los demás, como otra lección de vida de que nunca uno puede contar con su autosuficiencia enteramente. Sino cuando tenemos más conocimientos y experiencias, entonces empezamos a sentirnos gradual o parcialmente, en muchos casos, dependientes de los demás, como una lección de humildad, que nos enseña que los necesitados no son solo algunos otros, sino que todos nosotros, en algún momento de nuestras vidas, necesitamos de gran ayuda, aunque sea solo en la niñez y fallezcamos antes de la vejez. Nadie es totalmente autosuficiente siempre; ahí entra en juego tu relación con Dios, que gradualmente te reportará salud en tu corazón y mente, te ayudará en muchos momentos, si le buscas y crees que te va a ayudar y que le importas. Lo que no puedes conseguir de ninguna manera, debes dejarlo ir y aceptarlo; puede ser voluntad de Dios permitir incluso un mal temporal, a cambio de un bien eterno.

Nunca sabrás hasta qué punto y en qué parte cada principio de la fe te ha ayudado a mejorar en cada aspecto de tu vida, en sentirte mejor contigo mismo y con los demás, en tu entorno. Nunca sabrás qué desgracias y problemas te ha evitado Dios y cuántas veces te ha ayudado y hasta qué punto, cuando creías que no podías soportar o aceptar algo. Esta búsqueda diaria de Dios, esta reflexión en la oración y en nuestros actos y reflexiones de nuestros pensamientos, siempre da buenos frutos, parte en esta vida, útiles y prácticos, generales, locales, algunos presentes y otros útiles en un futuro que no sabemos cómo será. Nada de lo que hagas sinceramente por Dios quedará de balde; toda ofrenda, sacrificio, toda justicia, nada será inútil. Y recuerda que lo que estará presente en la otra vida para siempre no es lo que has hecho y conseguido para ti mismo, sino lo que has hecho por los demás y, por extensión, por Dios.

Epílogo

Este libro no es un tratado de toda la Teología Católica; son unas reflexiones básicas sobre algunos aspectos de la fe que quería poner juntos y por escrito. Algunos están dispersos en tratados místicos, otros son reflexiones y experiencias de mi vida personal, basadas también en las escrituras y aspectos psicológicos a tener en cuenta que son valiosos también.

Eso que llamaron los místicos de la «nube del no-saber», esa intuición que, sin saber cómo, nos orienta a encontrar el adecuado punto o interpretación sobre cómo actuar en cada situación diversa y compleja de nuestras vidas, esa es la sabiduría. Es necesario practicar la oración, reflexión, estudio y lecturas para poder elevar nuestras conciencias, al mismo tiempo que practicamos la caridad cada mes y cada día, que tenemos oportunidad, sin contar o recordar las obras que hemos hecho por los demás, sino las que nos quedan por hacer y decir en los días venideros hasta que marchemos de este mundo.

Este compendio de reflexiones puede venir bien a los que se acercan a la fe, que entiendan algunos conceptos básicos que les lleven a entrar mejor a conocer el mensaje del evangelio. La existencia de Dios cambia el valor y sentido de las cosas, y debemos comprender el porqué.

También pueden venir bien para algunos creyentes que puedan descubrir algunos aspectos que, por estar dispersos en distintos lugares, pueden llevar al desconocimiento de la riqueza de la fe. Es un estímulo para abrir la lectura y estudio, las reflexiones y orar mejor, intuyendo cuál es nuestro camino con mejor acierto, nuestro camino hacia el reino de Dios, hacia la verdad, la vida y el amor que todos necesitamos y que tenemos que aprender a descubrir por nosotros mismos: «Pedid y se os dará; buscad y encontraréis; llamad y se os abrirá…» (Mateo 7, 7-8).

Si alguna persona quisiera entrar en contacto, intercambiar experiencias o alguna cuestión con el escritor de este libro, le dejo un correo electrónico:
meditadorescrist@yahoo.com

Que la paz sea con todos ustedes.

Leopoldo Escoté